Phil Bosmans

Zum Glück zu zweit

Vitamine für Verheiratete
und für alle,
die gemeinsam durchs Leben gehen

Mit Fotos von Hermann Steigert

Verlag Herder Freiburg · Basel · Wien

Aus dem Niederländischen von Ulrich Schütz

Gedruckt auf umweltfreundlichem,
chlorfrei gebleichtem Papier

2. Auflage

Printed in Germany

Herstellung: Freiburger Graphische Betriebe 1995
ISBN 3-451-23314-2

Anleitung zum Gebrauch

1 Diese Vitamine sind gut bekömmlich.
Sie enthalten keine schweren
und keine gelehrten Zutaten.
Sie halten euch innerlich gesund.
Ihr könnt dann alles besser angehen.

2 Diese Vitamine sind keine Wunderpillen.
Sie lösen die Probleme nicht auf,
aber sie können viel verhüten,
wenn sie beizeiten genommen werden.

3 Es sind gewöhnliche ‚Vitamine'.
Man sollte sie in aller Ruhe,
eins nach dem andern, zu sich nehmen,
am besten mit ein bißchen Musik.
Sie werden aktiviert, wenn sie
mit gutem Willen in Berührung kommen.

4 Man braucht nichts dazu zu essen,
aber wenn ihr wollt, läßt sich
wunderbar dazu etwas trinken.

5 Krankenkassen sind nicht zugelassen.
Dafür haben diese Vitamine den Vorteil,
daß man sie mehrmals einnehmen kann.

6 Am besten nimmt man sie
morgens oder mittags
oder abends vor dem Schlafengehen.

7 Wenn ihr gläubig seid,
könnt ihr dabei auch ganz gut
gemeinsam beten.

Himmlisch ist die Erde.
Das ist ein Traum,
aber wenn der Traum geträumt wird
von zwei lieben Menschen
und so zwei Herzen bekommt,
dann wird es Himmel auf Erden.

Den Liebenden gehört der Himmel.
Wenn ihr in Liebe lebt,
werdet ihr auf Erden
gemeinsam im Himmel sein.

Eine glückliche Ehe.
Ein glückliches Zusammenleben.
Ein ganz großes Wunder.
Ein Geheimnis der Liebe
zwischen zwei Menschenkindern,
für das wir nur danken können.

Die Liebe

Die Liebe ist geduldig.
Die Liebe ist gütig.
Die Liebe ereifert sich nicht,
macht sich nicht wichtig,
bläht sich nicht auf.
Sie handelt nicht ungehörig,
sucht nicht das Ihre,
läßt sich nicht aufreizen,
trägt das Böse nicht nach.
Sie freut sich nicht über Unrecht,
sie freut sich über die Wahrheit.

Alles erträgt die Liebe,
alles glaubt sie,
alles hofft sie,
alles hält sie aus.
Die Liebe ist nie am Ende.

Paulus in K 13

Unsere Liebe

Ein kleiner Test für eure Liebe: Setzt dort, wo ‚Liebe' steht, eure Namen ein. Dann kennt ihr die Qualität eurer Liebe.

Inge ist geduldig.
Peter ist gütig.
Inge ereifert sich nicht,
macht sich nicht wichtig,
bläht sich nicht auf.
Peter handelt nicht ungehörig
und sucht nicht das Seine.
Inge läßt sich nicht aufreizen
und trägt das Böse nicht nach.
Peter freut sich nicht über Unrecht,
er freut sich über die Wahrheit.

Macht dasselbe noch einmal und tauscht dabei eure Namen aus. Dann könnt ihr gemeinsam weiterlesen.

Alles erträgt unsere Liebe,
alles glaubt sie,
alles hofft sie,
alles hält sie aus.
Unsere Liebe ist nie am Ende.

Wie die Sonne

Liebe ist wie die Sonne.
Seligkeit und Wonne.
Sie bringt Licht und Farbe.
Alles blüht und gedeiht.

Liebe kann man nicht kaufen.
Sie ist nicht im Handel.
Wenn man dafür bezahlen muß,
ist es keine Liebe mehr.

Liebe ist wie die Sonne.
Wenn die Sonne untergeht,
werden die Schatten größer.

Wenn du meinst, alles zu haben,
um glücklich zu sein,
wenn du aber keine Liebe hast,
dann hast du nichts,
wofür es sich lohnt zu leben.

In wahrer Liebe
liegt ein Hauch vom Paradies.

Wie das Wasser

Liebe ist wie Wasser.
Ohne Wasser kann man nicht leben.
Wasser ist ein Urelement,
eine kosmische Kraft.
Ein Tropfen Wasser
kann einer Blume Kraft geben,
sich wieder aufzurichten.

Wasser ist Leben!
Liebe ist lebendiges Wasser!

Bau dein Haus
an einem Brunnen
und Blumen darum.
Dann wird dein Haus
zu einer Oase,
dann kannst du
vollkommen leben,
dann findest du
ein Stückchen Himmel
auf Erden.

Liebe ist die universalste und geheimnisvollste Energie, die in der Schöpfung zu finden ist. In die ganze Natur ist Liebe eingebaut. Sie ist elementarerweise anwesend in der Anziehungskraft der Erde bis tief in die Materie hinein, die Moleküle und Atome. Alles hat durch sie Bestand und hängt zusammen wie ein Gewebe.

So wie es eine Anziehungskraft in der ganzen Schöpfung gibt, so gibt es auch Anziehungskräfte zwischen Menschen. Wenn Wasser beherrscht in seinen Ufern bleibt, ist Wasser ein Segen. Wird es aber bei Sturmflut oder Überschwemmungen entfesselt, ist Wasser eine Katastrophe.

Wenn Liebe die Menschen einander näherbringt und sie durch Liebe Sinn und Schönheit der Schöpfung erfahren, dann gedeiht die Harmonie, Menschen finden Frieden und erfahren Freundschaft. Wenn aber die Liebe in entfesselter Leidenschaft und unbeherrschter Sexualität untergeht und stirbt, daran geht der Mensch zugrunde.

Es geht um Liebe

‚Liebe', ein kleines Wort, und es sagt doch alles.
Eine bequeme Wohnung, ein schönes Haus,
ein reich gedeckter Tisch, eine gute Gesundheit,
das sagt alles nichts, wenn keine Liebe da ist.

Es geht um Liebe.

‚Liebe', die du sehen, die du spüren kannst
an einer zärtlichen Hand, die dich umsorgt,
an einem Mund, der lacht und singt
und mittendrin ein Kuß.

Es geht um Liebe.

‚Liebe', die durchhält und treu bleibt,
wenn unerwartet Stürme das Leben heimsuchen.

Eine schwere Aufgabe

Liebe ist kein Luxusartikel, den man kaufen kann.
Liebe ist nicht nur etwas für sanftmütige Leute.
Liebe ist eine Aufgabe für alle Menschen,
daß sie miteinander in Frieden und Freundschaft leben.

Liebe ist eine schwere Aufgabe.

In Zeiten der Verliebtheit geht alles von selbst.
Alle Gefühle spielen mit, und es gibt keine Probleme,
nur die Zeit ist zu kurz, oder sie dauert zu lang.
Aber kein Mensch ist jeden Tag lieb und liebenswert.
Den anderen liebhaben, nur weil er so lieb ist,
endet leicht in einem Fiasko.

Liebe ist eine schwere Aufgabe.

Lieben heißt bedingungslos vertrauen,
Anteil nehmen und geben an den Freuden
und auch an Leiden und Sorgen des Partners,
selbst wenn das tägliche Zusammensein
wie Gift wirken kann für die Achtung voreinander
und die Zuneigung zueinander.

Liebe ist eine Frage der Verantwortlichkeit.

In der Ökonomie der Liebe
muß man mehr geben, als man besitzt:
Man muß sich selbst geben.

Liebe hast du, wenn du des anderen Leid
wie am eigenen Leibe fühlst
und wenn die Freude des anderen
zu deiner eigenen Freude wird.

In einer guten Ehe bist du nie allein.
Du bist nie allein krank oder behindert.
Du bist nie allein im siebten Himmel.
Ihr seid immer zu zweit,
um alles Glück zu teilen und um gemeinsam
allen Kummer und Schmerz zu tragen.

Sympathische Blindheit

Der andere ist anders, das erfährt man sehr bald. Niemals wird der andere voll und ganz deinen tiefsten Erwartungen entsprechen. Der andere ist kein Supermensch. Du kannst nicht mehr erwarten, als der andere geben kann. Liebe geht davon aus, den anderen so zu akzeptieren, wie er wirklich ist.

Liebe hat die Menschen gern, so wie sie sind. Jeder hat seinen eigenen Vorrat an Fehlern und Defekten. Gerade Schwächen können eine hervorragende Rolle spielen. Gerade sie können zum Reichtum an Freundschaft in einer menschlichen Beziehung beitragen.

Wie siehst du die Fehler deines Partners? Es geht nicht um die Fehler von Menschen, die du persönlich gar nicht kennst, um die Fehler, die dich selbst nicht berühren. Es geht um die Fehler des Partners ganz in deiner Nähe, der versichert, dich zu lieben, und mit dem du alle Tage zusammenlebst. Wenn dir die Fehler des Partners ins Auge springen, wenn es darüber zum Streit kommt, dann mußt du mal ins eigene Herz schauen und dir eine andere Brille aufsetzen, denn dann ist die Liebe dünn geworden.

Teste deine Liebe!
Nimm als Maß das Herz.
Ist die Liebe dünn,
werden die Fehler dick.

Du brauchst für die Fehler des anderen nicht völlig blind zu werden. Wenn du aber wirklich liebst, siehst du nicht mehr so viele Schwächen und Fehler. So gesehen, ist Liebe immer ein bißchen blind. Wenn allerdings die Liebe verlorengeht, geht auch diese sympathische Blindheit verloren. Die Fehler fallen dir immer mehr ins Auge, sie scheinen jeden Tag größer zu werden. Du bekommst schlechte Augen, und schließlich siehst du nur noch schwarz, Fehler, Schwächen, Mängel, lauter so Zeug.

Mach die Liebe dick,
dann sind die Fehler dünn
und leicht zu tragen.
Und euer Zusammenleben
wird ein Fest.

22

Liebe hat viele Gesichter

Liebe: Ich kenne kein Wort,
das soviel mißbraucht und mißhandelt wird.
Es wird manchmal völlig verdreckt
durch eine falsch verstandene Sexualität.

Die eheliche Liebe führt zur engsten,
innigsten körperlichen Vereinigung,
aber sie kann nur von Dauer sein,
wenn sie über das Körperliche hinausgeht.

Die Liebe der Freundschaft
ist mehr geistig als körperlich.
Man hat die gleiche Wellenlänge.
Man fühlt sich beieinander wohl
und sucht die Nähe zueinander.
Wahre Freundschaft bleibt bestehen,
auch wenn man durch Ozeane getrennt ist.

Die Liebe zu Gott zieht Menschen an.
Sie kann Menschen so tief ergreifen,
daß sie nicht heiraten möchten,
sondern ganz auf das eingehen wollen,
wozu Gott sie braucht.
Sie sind die Verrückten dieser Zeit,
aber vielleicht die Glücklichsten.
Sie haben nichts zu verlieren,
denn sie haben alles losgelassen.
Sie bleiben in der Welt
und haben die Menschen gern,
nicht mit einer kalten, distanzierten Liebe,
sondern mit der Liebe Gottes,
die mit sanften Händen und warmem Herzen
jene halten und trösten will,
die zu wenig oder gar nicht geliebt wurden.

Liebe ist Licht,
ohne einander zu blenden.
Liebe ist einander nahe sein,
ohne einander zu besitzen.

Liebe ist Wärme geben,
ohne einander zu ersticken.
Liebe ist Feuer sein,
ohne einander zu verbrennen.

Liebe ist viel voneinander halten,
ohne einander festzuhalten.
Die schönsten Schlingpflanzen
können den stärksten Baum erwürgen,
wenn sie ihn nur lange genug
zärtlich umarmen.

Allein die Liebe,
ist das Haus,
in dem wir wohnen können.

Himmlisch ist die Erde
für alle, die täglich
die gegenseitige Liebe feiern
und die nicht müde werden,
einander auf Blumen zu betten.

Alles wird ein Fest

Wenn zwei Menschen beisammen sind,
wenn sie einander in Liebe umarmen
und die Zärtlichkeit des Herzens erfahren,
dann wird das Leben ein Fest.

Dann gibt es keine Grenzen mehr,
keine Erde und keinen Himmel.
Es ticken keine Uhren, die Zeit steht still.
Der Mond scheint heller als die Sonne.
Vögel zwitschern im Winter,
und in den Augen blühen Blumen.

Alles wird ein Fest.
In allen Dingen leuchtet ein Stern,
und über allen Wegen liegt Musik.
Alles wird gut. Die Erde wird ein Paradies.

Auf der Suche

Du kannst nicht leben ohne einen Menschen, der dich mag und für den du aller Mühe wert bist, der mit dir Freude und Leid teilt, der für dich Platz in seinem Herzen hat, ein Mensch, dem du dich anvertrauen kannst, ein Mensch, der sich um dich kümmert, ein Mensch, dem du immer willkommen bist.

Gott hat Menschen nicht auf einem kalten Planeten ausgesetzt. Gott hat Menschen in die Hände von Menschen gegeben, der Sorge von Menschen anvertraut. Darum sind Menschen ihr Leben lang, bewußt oder unbewußt, auf der Suche nach einem Mitmenschen, auf der Suche nach Geborgenheit, auf der Suche nach einem Zuhause.

Ohne eine Zuhause
bist du überall ein Fremder.
Ohne ein Zuhause
bist du nirgends.

Glücklich ist der Mensch,
der auf Erden
ein Zuhause gefunden hat.

Einander gefunden

Wie kommen die zwei zusammen,
wie finden sie so eng zueinander,
daß sie eines Tages, in stiller Zuneigung
oder leidenschaftlicher Begeisterung,
einander durchs Leben tragen möchten?
Das ist Geheimnis.

Wenn man jemanden gerne sieht,
wird man früher oder später
ihm oder ihr begegnen, und sei es im Traum.
Liebe kann man nicht beweisen.
Liebe kennt keine Logik.
Du kannst nicht genau sagen,
was dich am anderen so bezauberte,
aber bei jeder Berührung
klopfte dein Herz schneller.
Man träumte voneinander.
Man fand beieinander ein Zuhause,
lange bevor man miteinander wohnte.

Man wuchs in das Leben des Partners hinein.
Man fühlte sich wohl beieinander.
Man fühlte sich wohl
in dem großen Geheimnis, das Liebe heißt.

Verheiratet

Trauung hängt zusammen mit Vertrauen,
mit tiefem Vertrauen zueinander,
und mit Treue: Damit baut man auf Felsen.

Ohne Vertrauen kann man nicht heiraten.
Wo man nicht einander sicher sein kann,
gibt es überhaupt keine Sicherheit.
Und wo keine Sicherheit ist,
da auch keine Geborgenheit und kein Zuhause.

Wenn man heiratet und sich traut,
will man einander Geborgenheit geben.
Wenn man heiratet und sich traut,
will man ein Leben lang denselben Weg gehen,
durch gute und durch schlechte Tage.
Deshalb nahmt ihr eines Tages einen Ring.
Ihr habt ihn eurem liebsten Menschen
auf den Finger gesteckt und dazu gesagt:

„Nimm diesen Ring als Zeichen
meiner Liebe und Treue."

Laßt eure Liebe so stark sein,
um das einander täglich neu zu sagen.

Wenn ihr glauben könnt,
daß mehr da ist, als man sehen und hören,
fühlen und begreifen kann,
daß mehr da ist, als die Wissenschaft weiß:

Wenn ihr glauben könnt,
daß ein Geheimnis da ist,
eine Wirklichkeit
über alle greifbare Wirklichkeit hinaus:

Wenn ihr glauben könnt,
daß ein Gott da ist, der Liebe ist:

Dann heiratet vor Gott in der Kirche.
Ehe ist mehr als ein Rechtsgeschäft,
das zwischen zwei Menschen
Besitzverhältnisse und Unterhaltspflichten regelt.
Wenn ihr gläubig seid,
dann ist eure Ehe ein Geheimnis der Liebe,
in dem Gott zugegen ist.

Die Hochzeitskerze spricht

Laßt an eurem Hochzeitstag eine Kerze brennen. Sie ist ein leuchtendes Symbol. Sie soll euch noch nach Jahren an das erinnern, was ihr versprochen habt.

Die Hochzeitskerze flüstert euch dies ins Ohr:

Ich habe es gesehen.
Meine kleine Flamme war dabei,
als ihr die Hände ineinander gelegt
und euer Herz verschenkt habt.
Ich bin mehr als bloß eine Kerze.
Ich bin ein stummer Zeuge
im Haus eurer Liebe
und wohne weiter bei euch.

An Tagen, da die Sonne scheint,
braucht ihr mich nicht anzuzünden.
Aber wenn ihr vor Freude außer euch seid,
wenn ein Kind unterwegs ist
oder ein anderer schöner Stern
am Horizont eures Lebens erscheint,
dann zündet mich an.

Zündet mich an, wenn es dunkel wird,
wenn in euer Leben Sturm einbricht,
wenn der erste Streit da ist,
wenn ihr lautlos unter etwas leidet,
dann zündet mich an.

Zündet mich an,
wenn der erste Schritt getan werden muß,
aber ihr wißt nicht wie,
wenn eine Aussprache notwendig wird,
aber ihr findet keine Worte,
wenn ihr euch umarmen möchtet,
aber die Arme sind wie gelähmt,
dann zündet mich an.

Mein kleines Licht ist für euch
ein deutliches Zeichen.
Es spricht seine eigene Sprache,
die jeder versteht.

Ich bin eure Hochzeitskerze. Ich hab euch gern.
Laßt mich brennen, solange es nötig ist,
bis ihr mich dann gemeinsam,
Wange an Wange, ausblasen könnt.
Dann sage ich dankbar: Bis zum nächsten Mal.

Liebe und Treue

Treu sein heißt mit Geist und Sinn und mit dem Herzen auch in schwierigen Situationen zusammenbleiben, wenn die ersten glücklichen Tage längst vorüber sind. Was Treue bedeutet, wißt ihr erst, wenn zusammenbleibt und durchhaltet, auch wenn ihr durch einen dunklen Tunnel müßt.

Liebe ist für viele scheinbar ablösbar von Treue. Und doch macht jeder im eigenen Leben und in seiner Umgebung die Erfahrung, daß Liebe ohne Treue in lauter Unglück endet. Was dabei alles in die Brüche geht, muß einem zu denken geben.

Untreue ist eine gefährliche Mode. Sie fördert den Auflösungsprozeß der allerengsten und allernatürlichsten Bindungen des Lebens.

Liebe und Treue sind Früchte von einem Baum, der manchmal einem Kreuz gleicht. Liebe und Treue müssen gepflegt werden. Sie reifen nur ganz langsam in Sonne und Regen, in Sturm und Wind, doch wenn sie dann reif sind, machen sie das gemeinsame Leben zu einem Fest.

Liebe und Treue sind die Schlüssel des Hauses, wo du glücklich und geborgen bist, wo ein warmes Herz für dich schlägt und wo stets zwei Arme für dich offen sind.

Liebe ohne Treue ist eine Lüge.
In jeder Lieblosigkeit
steckt schon eine Treulosigkeit.

Euer gemeinsames Leben
sei für alle Menschen um euch
ein offener Brief der Liebe und Treue.

Leibhaftige Liebe

Mit eurem Leib seid ihr euch nahe in Freude und Freundschaft und könnt euch aufs innigste begegnen. Ohne Leib ist der Mensch nirgendwo. Es ist gut, daß die Sexualität aus dem Dunkel der Geheimnistuerei herausgeholt wurde. Sexualität ist eine tief menschliche Gegebenheit, eine Gabe von großem Wert für eine gesunde menschliche Entwicklung.

Sexualität ist kein Ziel an sich und bietet aus sich heraus keine Geborgenheit. Gesunde menschliche Sexualität ist nur sinnvoll und erfüllt von Freude in einer Atmosphäre wahrer Liebe, wo die Hände keine Grapscher sind, sondern Zeichen der Zärtlichkeit und wo der Körper ein beseelter Leib bleibt.

Sexualität ist eine seltsame Kraft.
Verdrängt oder mißbraucht,
führt sie zu Unrast, Frust und Angst.

Die sexuelle Beziehung ist
nicht fundamental für die Liebe,
aber die Liebe ist
fundamental für die sexuelle Beziehung.

In einem gesunden, glücklichen Zusammenleben
geht es um viel mehr als um körperliche Vereinigung.
Viele gescheiterte Ehen zeigen,
daß körperliche Vereinigung allein nicht Bestand hat.
Sie hat nur Sinn und wird ein Fest,
wenn darin seelische und geistige Einheit wächst.

Was hast du von einem schönen Körper,
von einem hübschen Gesicht und einer zarten Haut,
wenn du darin kein Herz mehr findest.
Wenn ihr nicht darauf bedacht seid,
mit Geist und Seele zueinander zu kommen,
verliert das Leibliche bald seine Anziehungskraft.
Die Körper haben kein Interesse mehr aneinander.

Im Gespräch

Wie kommt man sich innerlich näher? Wichtig ist der offene Austausch der Beobachtungen und Erfahrungen, der Gefühle und Gedanken. So kann man miteinander ins Gespräch kommen und im Gespräch bleiben.

Das Wort ist ein seltsames Ding. In Worten kann man das Tiefste von sich selbst innerlich fassen und dem anderen mitteilen, und ebenso kann das der andere.

Redet ruhig über dies und das, das Wetter und die alltäglichen Dinge. Dann aber laßt euer Gespräch auch in die Tiefe gehen, auf die Suche nach dem tieferen Sinn von allem, was euch begegnet. So könnt ihr aufs allerengste innerlich eins werden.

Das Wort ist den Menschen gegeben, daß sie tiefen Kontakt miteinander bekommen, daß sie Gemeinschaft miteinander bilden, daß sie innerlich die gleiche Wellenlänge finden.

Bei einem Kurzschluß wird das Wort, das Freude, Halt und Trost sein sollte, zu einer gefährlichen Waffe. Ein hartes Wort, ein scharfes Wort kann tief im Herzen lange weh tun und Narben hinterlassen.

Wenn ihr gläubig seid,
kommt ihr euch ganz gewiß
innerlich näher,
wenn ihr zusammen betet.

Himmlisch ist die Erde
für alle, die füreinander
anziehend bleiben,
die einander Raum geben,
Raum für den eigenen Lebensrhythmus,
dass er und sie anders sein können,
er selbst und sie selbst.

Jahreszeiten der Liebe

Im Frühling der Liebe
ist das Zusammensein ein Fest.
Man ist im siebten Himmel,
und man vergißt, daß jeder Frühling
auf einen Herbst zugeht
und durch den Winter hindurch muß,
einem neuen Frühling entgegen.

Nach dem ersten heißen Liebesschwur
kommen die meisten Menschen
bald zu der nüchternen Feststellung,
daß sie doch nicht jeden Tag Lust haben,
füreinander zu sterben.

Leer und kalt

In jedem Zusammenleben kommt es
früher oder später zur Krise.
Der Weg ist lang, Langeweile fängt an.
Ihr kennt euch gegenseitig genau,
und alle Tage wiederholt sich dasselbe.
Ihr wollt auch mal was anderes.
Ihr seid im Mittag des Lebens,
nicht mehr jung und noch nicht alt.
Man wird lustlos und gleichgültig.
Alles scheint leer, gefühllos und kalt.

Ihr geratet in die Wüste,
in eine eintönige, entsetzlich öde Wüste.
Der Mann geht zu alten Freunden,
die Frau verkriecht sich bei den Kindern.
Die wunderschönen Gefühle von einst
sind verschlissen, ihr Glanz ist weg.

Wenn ihr dann ein wenig warten könnt
und nicht denkt: Alles ist aus, oder:
Das war damals die falsche Entscheidung:

Wenn ihr dann ein wenig Geduld habt,
statt nach anderen Partnern auszuschauen
oder zu Tabletten und Alkohol zu flüchten:

Wenn ihr dann wartet und treu bleibt
und euer Herz offen und einladend ist,
wenn ihr dann erfinderisch seid
und den Partner wieder aufleben laßt:

Dann wird eines Tages, ganz unvermutet,
irgendwo eine Quelle entspringen,
und in eurem Leben beginnt eine neue Zeit,
nach der Wüstenzeit eine Oasenzeit.

Weißt du noch . . .

Wenn man jahrelang verheiratet ist,
fängt man an zu träumen: Weißt du noch . . .

Und der Mann sagt dann:

Im Auto schobst du dich
immer näher an mich.
Du machtest dich immer so schön,
und du warst so lieb.
Weißt du noch . . .

Und die Frau sagt dann:

Und du fuhrst ganz langsam,
damit der Weg länger würde.
Du hattest unendlich Zeit für mich,
immer war noch was zu sagen.

Wenn ihr jahrelang verheiratet seid,
können Träume zu Alpträumen werden . . .

Wenn die Frau sagt:

Früher trugst du mich auf Händen.
Jetzt reichst du mir kaum den Arm.
Wenn ich früher was Dummes anstellte,
konntest du darüber lachen.
Wenn ich jetzt was Winziges falsch mache . . .

Wenn der Mann sagt:

Früher stelltest du Blumen auf den Tisch
und konntest den ganzen Tag singen.
Ich bekam einen leidenschaftlichen Kuß,
und du konntest tanzen . . . Und jetzt . . .

Suche nach Vergebung

Liebe und Treue können in Sturm geraten. Es gibt Tage, da trägt man einander auf Händen, begeistert und ohne Sorgen. Es werden Tage kommen, da muß man einander ertragen, und Tage, an denen es nicht mehr geht, an denen nichts mehr geht. Durch dumme Fehler ging etwas in die Brüche. Es entstanden Risse, und durch sie kam die Nacht in euer Herz und euer Zuhause.

Dann möchte man und kann doch nicht, gelähmt von Ohnmacht und Schmerz. Man möchte etwas sagen und bekommt doch kein Wort über die Lippen.

Man möchte eine Hand ausstrecken, doch sie erstarrt wie Eis. Man möchte umarmen und bleibt versteinert wie ein Standbild. Man möchte vergeben und sagt doch: „Warum hast du das getan?"

In solchen Tagen gibt es nur eine Lösung: Geduld, viel Geduld und Suche nach Versöhnung. Der Partner macht Sachen, die dir unbegreiflich sind, und du sagst: „Wie ist so etwas möglich?"

Dann mußt du um deine Liebe kämpfen. Du fühlst dich unsicher, und es beschleicht dich Angst. Dann mußt du eine ganze Weile ‚blind fliegen', ohne zu sehen, ohne zu verstehen. Dann kommt dir zu Bewußtsein, daß der andere eine ‚Welt für sich' ist, die dir in ihrem tiefsten Kern immer fremd bleiben wird. Und dann geh auf die Suche nach Vergebung.

Wenn du nicht vergeben kannst,
entsteht unverzüglich eine Mauer.
Und eine Mauer ist der Anfang
von einem Gefängnis.

Unlösbare Probleme

Scheidung ist eine Flucht voreinander,
der Bankrott einer Lebensentscheidung.

Es gibt in einer Ehe so viele Überraschungen,
so viele unerwartete Schwierigkeiten,
so viele unvorhersehbare Situationen.
Wenn man eine Scheidung für möglich hält,
wird man früher oder später
immer einen Grund dafür finden.

Denkt nicht zu schnell an Scheidung,
besonders nicht, wenn Kinder da sind.
Ist ein Kind da, dann ist in dieses Kind
für immer das Leben deines Partners
und dein eigenes Leben eingeschrieben.
Es ist ein unauflösliches Band.

Durch jede Scheidung wird das Kind
bis in sein tiefstes Wesen getroffen.
Es gibt wenig Kinder,
bei denen diese Wunde völlig heilt.

Gute und schlechte Tage

Erinnert euch an den ersten Hochzeitstag. Ihr wart miteinander im siebten Himmel. Damals saht ihr keine Probleme, weil ihr dachtet, mit allem fertig zu sein.

Die Hochzeit ist aber kein Ende, sondern ein großer Anfang. Wie lange ihr auch schon verheiratet seid, miteinander einswerden ist ein Wachstumsprozeß mit Hinfallen und Wiederaufstehen. Ihr müßt zu zweit durch gute und schlechte Tage. Immer müßt ihr aufeinander Rücksicht nehmen.

Seid niemals gleichzeitig
böse aufeinander.
Der Klügere wartet bis morgen.

Für jedes Zusammenleben gibt es Regeln, geschriebene und ungeschriebene. Daran müßt ihr euch halten. Nicht unter die Gürtellinie zielen. Das ist bequem, aber gemein. Nach Jahren kennt man voneinander alle empfindlichen Stellen.

Wenn der Streit in vollem Gange ist, rennt nicht herum, sondern setzt euch hin und denkt daran, daß niemals das Recht auf einer Seite allein liegt.

Wenn ihr euch schwer tut, mündlich zu sagen, was ihr sagen wollt, dann nehmt ein Blatt Papier und schreibt es auf, aber so, daß der Partner es lesen kann und nicht nach dem ersten Satz alles zerreißt. Schreib auch deine eigenen Fehler auf, und bitte um Vergebung.

Zusammen in der Hölle

Zusammen in der Hölle.
Das ist sicher nicht der Sinn der Ehe.
Wenn eure Ehe eine Hölle wird,
müßt ihr das äußerste versuchen,
daß es keine Hölle bleibt.

Wenn alle Versuche vergeblich sind,
wenn es nichts mehr gibt, was hilft,
wenn euer Zuhause eine Hölle bleibt,
solltet ihr es aufgeben.

Gott will den Himmel für Menschen
und nicht die Hölle.
Wenn das Ergebnis eures Zusammenseins
die Hölle ist, solltet ihr euch trennen.

Erwartungen und Enttäuschungen

Ständig treibt mich die Frage um: Warum halten die Menschen die Liebe nicht durch? Sie haben sich doch leidenschaftlich gewollt und füreinander entschieden. Warum wird es so schwer, wenn sie Tag für Tag miteinander leben müssen?

Es ist ein grober Irrtum, zu meinen, man wäre am Hochzeitstag fertig mit der Liebe. Dann geht es erst richtig los. Man hat einander schön und gut gefunden und darum den entscheidenden Schritt getan. Ist man dann aber länger zusammen, macht man neue Entdeckungen aneinander. Dabei kann es zu großen Überraschungen kommen.

Man erwartet meistens zuviel voneinander.
Der andere soll freundlich sein.
Der andere soll mich auf Händen tragen.
Der andere soll keine schlechte Laune haben.
Der andere soll mir keine Vorwürfe machen.

Sag nicht so schnell,
„Du liebst mich nicht",
bevor du selbst
nicht alles gegeben hast.

4

Himmlisch ist die Erde
für alle, die durch Stürme
nicht erschüttert werden,
die alle bitteren Worte
aus ihrem Mund entfernt haben
und die es verstehen,
mit ein wenig Humor
aus Dornen Rosen zu machen.

Ein Leben lang glücklich verheiratet

Wenn ihr gern zu Hause seid,
wenn ihr noch miteinander redet,
wenn ihr nach einem Streit
euch bald wieder vertragen könnt,
wenn ihr an eure Geburtstage denkt
und jedes Jahr den Hochzeitstag feiert:

Wenn ihr noch genug Phantasie habt,
um euch gegenseitig
eine Überraschung zu bereiten,
wenn einer über den anderen Gutes sagt
und wenn ihr euren gemeinsamen Weg
noch einmal beginnen würdet,
wenn ihr euch noch einmal
aufeinander einlassen würdet:

Dann ist es bei euch okay.

Um einander gut zu verstehen, muß ein Mann die Psychologie seiner Frau und eine Frau die Psychologie ihres Mannes studieren. Zuviel Ärger entsteht aus Mißverständnissen und daraus, daß man falsche Schlüsse aus den Worten und dem Verhalten des anderen zieht.

Es ist möglich, glücklich zu sein, ein Leben lang in der Ehe glücklich zu sein. Unzählige haben das bewiesen. Sie fanden einander, sie umarmten einander und blieben fest in Liebe zueinander.

Laßt euch nicht in Verwirrung bringen, wenn ihr so viele zerbrochene Beziehungen seht, so viele Ehen, die scheitern. Auch wenn die Flitterwochen längst vorbei sind, zweifelt nicht an eurer eigenen Ehe.

Feste der Liebe

Es kommen Geburtstage und Jubiläen. Laßt sie nicht verstreichen. Es sind eure Festtage. Sie halten die Erinnerung lebendig an gute und schöne Stunden. Feiert die Liebe zueinander.

Doch kommt euch alle Tage etwas näher, dankbar dafür, daß ihr einander unter Millionen gefunden habt und daß ihr noch zusammen seid.

Laßt das Auto einmal stehen und genießt zu Hause das gemütliche Zusammensein. Für die letzte Stunde zwischen Tag und Nacht macht das Fernsehen aus, um ganz vertraut für euch zu sein.

Denkt daran, ein wichtiger ‚Ritus' in eurem Leben heißt: „gemeinsam essen", „in Ruhe bei Tisch zusammen sein", wenigstens einmal am Tag.

Versucht stets
auf die einfachste Art
glücklich zu sein.

Eure Liebe soll nicht dahin verkommen, daß ihr seelenlos und flüchtig gegenseitig den Egoismus erfüllt. Dein Mann sei dein bester Freund und deine Frau deine beste Freundin. Seht zu, daß eure Liebe und Zuneigung in den vielen kleinen Dingen des Alltags spürbar wird: im Lächeln, im guten Wort, im dankbaren Kuß, in einer spontanen Umarmung.

Dann werden
tausend unverhoffte Freuden
wie Sterne für euch
vom Himmel fallen.

Himmlisch ist die Erde
für alle, die sich
bis in die Wurzel ihres Wesens
nach Kindern sehnen
und diese Sehnsucht
erfüllt sehen möchten.

Willkommen, Kind

Jedes Kind ist ein Wunder,
ein schwaches, verletzliches Wesen,
mit dem alles neu wird,
das Bösewichte weich macht
und Verzweifelte an das Leben glauben läßt.

Willkommen, Kind,
auf unserem kleinen Planeten.
Ruhe am Herzen einer lieben Mutter,
und laß dich wiegen
in den Armen eines lieben Vaters.

Ich wünsche dir keinen Reichtum.
Ich wünsche dir nur Liebe, warme Liebe,
dann hast du alles, was du brauchst,
um ein glücklicher Mensch zu werden.

Die Familie

Die Familie beginnt in der Liebe von zwei Menschen, die einen neuen Menschen ins Leben rufen, damit er hineingeboren wird in ein warmes, geborgenes Zuhause. Wo ein Kind in Liebe empfangen wird, da kommt es wie ein Geschenk. Wo man sich ein Kind wünscht und wo es willkommen ist, wächst in der Stille eine kleine Oase. Wer sich über ein Kind freut, freut sich über das Leben.

Ein Kind darf nicht die Frucht einer flüchtigen Leidenschaft sein oder das Ergebnis von zwei Egoismen ohne weitere Verantwortlichkeit. Ein Kind braucht Liebe und Geborgenheit.

Ein Kind hat ein unveräußerliches Recht auf einen Vater und eine Mutter. Recht auf einen Vater und eine Mutter heißt Recht auf ein Zuhause auf Erden, Recht auf Liebe, Recht des Kindes auf menschliche Wärme, daß es umsorgt wird, daß es sich sicher fühlt, daß es geborgen ist. Dieses Recht ist ein Grundrecht, ein göttliches Recht, das nur zu oft geschändet wird.

Das Kind ist die schwächste Partei und klagt nicht auf Entschädigung. Wird ein Kind in der Kälte geboren, ist es gewöhnlich für das Leben gezeichnet. Später kann das eine Quelle sein von Ärger und Aggressivität.

Ein lebendiges Band

Wenn eine Familie vor der Zeit zu Ende geht, ist die Gefahr groß, daß auch das Kind stirbt, selbst wenn Eltern ihr Bestes tun, um das Kind zu retten. Kein Mensch und bestimmt keine Institution können so einem Kind zurückgeben, was es entbehren mußte.

Ein Kind ist das lebendige Band zwischen zwei Menschen. In dem kleinen Wesen haben zwei Menschen ihr eigenes Leben aufgeschrieben, unverwechselbar und für alle Zeiten, ob sie das wollen oder nicht. Wenn dieses Band zerbricht, nimmt das Kind Schaden.

Wird ein Vögelchen
aus dem Nest gestoßen, so stirbt es.
Findet ein Kind
keine Liebe und Geborgenheit
in den Armen und im Herzen
eines Vaters und einer Mutter,
kommt es in eine Wüste.

Das Glück eines Kindes beginnt,
lange bevor es geboren wird,
im Herzen von zwei Menschen,
die einander sehr gern haben.

Himmlisch ist die Erde
für alle, die Sonne gern haben,
Licht, Schmetterlinge, Vögel,
die begeistert sind
von Menschen und Dingen,
die lachen, tanzen und singen
über die Wunder des Lebens.

Glückliche Familie

Es gibt noch viele glückliche Ehen und Familien.
Ehen, in denen man miteinander Freude hat,
auch wenn schwierige Situationen kommen.

Familien, in denen Vater und Mutter Zeit haben
und mit ihren Kindern spielen
und dabei selbst soviel Spaß erleben,
daß sie das niemals mehr missen möchten.

Familien, in denen man zusammen lacht und weint,
in denen auch mal ein Wolkenbruch niedergeht,
aber bald darauf wieder die Sonne scheint
an einem blauen Himmel.

Familien mit großen und kleinen Kindern,
in denen man gemütlich zusammensitzt,
in denen der Fernseher oft abgestellt wird
oder sogar ganz aus dem Haus muß: er stört nur.

Ohnmacht der Eltern

In Telefonaten, Gesprächen und Briefen höre ich von der Not vieler Eltern, die alles getan und gegeben haben, um ihr Kind glücklich zu machen, und dann Zeugen völligen Versagens werden.

Zeige nicht zu schnell auf die Eltern, wenn ihr Kind im Leben versagt. Jeder Mensch ist ein Geheimnis. So kommt es vor, daß einer mit einem schlechten Zuhause und unter ganz ungünstigen Umständen doch ein guter, ein vorzüglicher Mensch wird. Und es kommt vor, daß einer trotz bester häuslicher Verhältnisse auf die schiefe Bahn gerät.

Wir müssen Verständnis aufbringen für die Ohnmacht der Eltern heutzutage. Wie sehr sie auch ihr Bestes tun, um ihre Kinder zu ausgeglichenen, glücklichen Menschen zu erziehen, sie haben keine Macht über die öffentliche Atmosphäre. Junge Menschen sterben in einer geistig verschmutzten Luft, so wie Fische in verseuchtem Wasser sterben.

Trotz des Geredes von „Familienfreundlichkeit“ und „Kinderfreundlichkeit“ nehmen die Behörden keinen Einfluß, um das Lebensmilieu sittlich gesund zu machen und den nötigen Raum zu schaffen, worin Kind und Familie zur vollen Entfaltung kommen können. Alles bleibt auf eine rein materielle Bedürfnisbefriedigung ausgerichtet in einer Welt, in der mit Geld alles zu kaufen ist und in der Menschen im Sinnlosen, Absurden, im Nichts versinken, in einem geistigen und moralischen Sumpf.

Wer liebt,
dem wachsen Kräfte.
Was die Liebe trägt,
ist niemals eine Last.
Wer liebt,
der vermag alles.

Zusammen alt werden

Wenn ihr zusammen alt geworden seid und die Kinder aus dem Haus sind, zählt dann euer Eheleben nicht mehr nach Jahren, sondern nach den kleinen Freuden, die jeder Tag bringt.

Jahre gehen vorüber,
und es wird bei euch still.
Euer Haus ist leer, aber euer Herz
ist voll von Erinnerungen.
Sich miteinander freuen,
auch das ist stiller geworden,
aber nicht weniger intensiv.
Tief in eurem Innern ist alles
von Liebe durchzogen.

Nach wie vor seht ihr einander gern. Vielleicht seid ihr nach wie vor einander eine Last, aber ihr könnt einander immer weniger vermissen. Es kommt eine Zeit, da ihr nicht mehr viel Worte habt, um einander das zu sagen. Das braucht es auch nicht. Euer Zusammensein ist so selbstverständlich geworden. Ihr könnt euch das Leben ohne den anderen nicht mehr vorstellen.

Wenn dann der eine von euch beiden ans andere Ufer gegangen ist, dann wird es sehr schwer. Ich sah, wie ein Mann vor dem Foto seiner verstorbenen Frau weinte. Eine Kerze brannte davor, und ich hörte ihn sagen: „Hätte ich ihr doch mehr gezeigt, wie gern ich sie hatte. Hätte ich sie doch mehr in die Arme genommen."

Das Ja-Wort und die Hände

Schaut heute noch einmal auf eure Hände.
Vor vielen Jahren habt ihr vor dem Altar,
vor Gott die Hände ineinander gelegt.
Diese Hände sind um Jahre älter geworden.
Sie haben gearbeitet, sie haben gebetet.
Sie haben eure Kinder getragen.
Sie haben Liebe und Leben gegeben.
Sie haben den Reichtum eures Herzens
zu den Menschen getragen.

Viele Jahre sind vorübergegangen.
Es gab viele Freuden und auch Leiden,
aber in allem ist eure Treue geblieben,
die stille, tiefe Treue zueinander
und eine unaussprechliche Liebe.
Ihr braucht jetzt nicht mehr
viele Worte zueinander zu sagen.
Euer Zusammensein ist
so selbstverständlich geworden.
Ihr könnt euch das Leben nicht mehr
ohne einander vorstellen.
Euer Ja-Wort ist ein Ja-Wort geblieben.

Himmlisch ist die Erde
für alle, die frei
von Angst und Begierde,
weit über Leibliches hinaus,
am letzten Ufer des Lebens
einander voller Freude
die Geborgenheit gewähren
einer unsterblichen Liebe.

Geschenkbücher von Phil Bosmans für ein Leben mit Herz

Bücher von Phil Bosmans sind millionenfach verbreitet und in viele Sprachen übersetzt. Der von ihm gegründete „Bund ohne Namen“ setzt sich für eine Kultur des Herzens und konkrete Hilfe für Menschen in Not ein.
Deutsche Kontaktadresse: „Bund ohne Namen“, Postfach 65, D – 73450 Neresheim.